JN410487

시인의 마을

시인의 마을

| 서문 |

「시인의 마을」 제2집을 내며

조금은 성숙해진 마음으로 제2집을 냅니다.

너무도 깊이 박혀 있는 가시가 아파서 외로움과 서러움의 그늘에서 벗어나지 못해서 연륜으로 다져진 삶의 시를, 삶의 가슴앓이로 엮어낸 영혼의 시를 우리 시인의 마을 시인들은 시를 씁니다.

이 작은 시들이 진정한 삶의 노래가 되기를 바랍니다.

나눔과 치유의 노래가 되기를 바랍니다.

건강한 모습으로 우리 시인의 마을로 돌아오신 유자효 선생님께 깊은 애정과 감사를 드립니다. 선생님의 열정적이고 따듯한 가르침에 감사드립니다.

2011. 10. 30
시인의 마을 이장
김 은 숙

| Contents |

| Contents |

| Contents |

초 대 시

유 자 효

시집 : 『성 수요일의 저녁』, 『짧은 사랑』, 『떠남』, 『내 영혼은』,
『지금은 슬퍼할 때』, 『데이트』, 『금지된 장난』, 『아쉬움에 대하여』,
『성자가 된 개』, 『여행의 꿈』, 『전철을 타고 히말라야를 넘다』
산문집 : 『피보씨는 지금 독서 중입니다』, 『라라의 투쟁』,
『세상의 다른 이름』,
『다시 볼 수 없어 더욱 그립다』, 『나는 희망을 보았다』
정지용문학상 · 유심작품상 · 현대불교문학상 · 한국문학상 ·
편운문학상 · 불교언론인상 · 한국참언론인 대상 등 수상
KBS 파리특파원, SBS 정치부장, 보도제작 국장, 기획실장, 논설위원실장,
라디오본부장, 이사, 한국방송기자클럽 회장 역임
현재 국제펜한국본부 부이사장, 지용회장, 시와시학 회장, 불교신문 논설위원,
국악방송 〈유자효의 책 읽는 아침〉, BTN 불교TV 〈선승에게 길을 묻다〉 진행

세한도

뼈가 시리다
넋도 벗어나지 못하는
고도의 위리안치
찾는 사람 없으니
고여 있고
흐르지 않는
절대 고독의 시간
원수 같은 사람이 그립다
누굴 미워라도 해야 살겠다
무얼 찾아냈는지
까마귀 한 쌍이 진종일 울어
금부도사 행차가 당도할지 모르겠다
삶은 어차피
한바탕 꿈이라고 치부해도
귓가에 스치는 금관조복의 쓸림 소리
아내의 보드라운 살결 내음새
아이들의 자지러진 울음 소리가
끝내 잊히지 않는 지독한 형벌
무슨 겨울이 눈도 없는가

내일 없는 적소에
무릎 꿇고 앉으니
아직도 버리지 못했구나
질긴 목숨의 끈
소나무는 추위에 더욱 푸르니
붓을 들어 허망한 꿈을 그린다

* 제17회 지용문학상 수상작

사랑하는 아들아*

아들아
네 아픔이 내게로 전해오니
사시사철 자욱한 물안개뿐이었다
이룰 수 없는 꿈일랑 묻어두면 어떨까

좋으면 갖고 싶지
그것이 당연하지
그러나 안 되는 게 더 많은 세상에서
참아라
이 말만 거듭 피 토하듯 뇌인다

끊일 것 같아도 세상은 이어가고
없을 것 같아도 내일은 다시 밝고
마음의 주인 되는 법 배웠다고 여기렴

권 희 자

경기대학 국문과 졸업

자유문학 詩부문 신인상 당선 / 동시 당선

「수필문학」 수필 등단

시문학상 본상 수상(문학세계)

송현문학 회장 역임

한국문인협회 회원, 현대시인협회 회원, 지용회 회원

시집 : 『잠시 머물다 떠나야 하리』, 『별빛으로 오시는 어머니』

수필집 : 『인생열차』

강변 솔밭

소달구지에 쌀, 된장 싣고
낙동강 건널 때
검은 날개 퍼덕이며 우짖던 까마귀 떼

인민군들이 쏘는 총탄을 피하여
소나무 밑에 엎드린 홍이는 일어나질 못했다
선혈 묻은 그곳은 풀벌레 우는 숲이 되고

세월은 나이테를 감았지만
참외 서리꾼에게 돌팔매 쏘던 여름이 오면
되살아나는 홍이의 붉은 입술

낙동강엔 지금도 총소리가 흐르는 듯
강변 솔밭엔
환한 웃음기 던지던
홍이의 모습

낙지

안면도
할배바위
할매바위
붉은 함지박에 갇혔다
여인들은 회칼 세우며
꿈틀거리는 머리 잘라
갯벌에 처바른다
한 쟁반에 떨이로 싸게 준다며 외친다
살 속으로 삐져나온 아픔

관광객들은 방파제에 앉아
화끈한 소주 한 잔에
초장에 찍어 삼키며
생으로 먹으면 마라톤 선수처럼 힘이 생긴다며
챙긴다

여인들은
번쩍번쩍 회칼 앞으로
관광객들 불러 모은다
토막토막 잘렸다

은갈치

나의 고향은 남해다
요즘 중국산이 국산으로 둔갑한다지만
운명은 시장을 찾는 여인들 입맛에
결정이 되었다
여인은 은빛 피부를
만지작거리며 찔러보고
빤히 뜨고 있는 붉은 눈과
빳빳하게 굳은 내 주검을 좋아하였다

단돈 4천 원에 떨이로 팔렸다
비닐봉지에 묶여 마을버스에 실려가면서
꽃섬에서 갈매기들이 물 위에 앉아
먹이를 찾는 것이 눈에 어렸다

여인의 주방 붉은 꽃이 솟는 팬에서
바다와 파도가 쪼그라들도록 굽혔다
여인의 남편은 국산이라 좋다고
침을 삼키며 살만 발라 먹자
여인은 가시 채로 먹어야 뼈가 튼튼해진다며

가시까지 챙겼다
나는 꽃무늬가 그려진 은쟁반에서 호사를 하며
갈갈이 찢어지고 사라져갔다

이사

작달비 쏟아졌어요
어린 것들 데리고
슬레이트집으로 이사 하는 날

빗물 뚝뚝 떨어지는 의자를 들고
거실로 들어옵니다

사다리차에 실려
이 층으로 올라가는 이삿짐
감나무 집 할아버진 감나무 부러졌다 야단을
칩니다

짐꾼 우르르 몰려와
이마에 빗물 씻으며
삯을 더 달라 아우성치네요

슬레이트집엔
빗물이 천정에서 떨어졌어요

질척이는 방바닥
물동이 받쳐놓고
곡소릴 듣습니다

빗소리에 놀란
연탄불이 피어났어요

사 남매는 조막손 펴서 물장난치며
웃음 깔깔 떨구었어요

해변의 달밤

파도에 밀리는 달밤에
방파제를 말없이 거닐면
세월의 그림자 달빛이 지운다

은빛 물 울음소리
나를 휘어감은 채
갯벌은 물이랑을 이루고
파도에 씻기는 갈매기 떼
달빛에 취한
몽산포 등대의 추억과
해풍에 젖은 마음

때 묻은 사람들의 발자국
갯벌에 누워 있는 삶의 흔적을
하늘 끝자락 불어오는 바람에 지우며
그리운 바다가 출렁이는 해변의 달밤

김 경 애

수도여자사범대학 국어국문학과 졸업

2006년 에세이문학 완료추천

제24회 마로니에 전국여성백일장 산문부문 장원 수상

제7회 여성문예원 공모전 시 부문 최우수상 수상

수필집 : 『버릴 수 없는 도장』

지용회 회원

kyoungai38@hanmail.net

서울 나들이

절뚝거리며 걷는 할배
한 손엔 지팡이
한 손엔 갈퀴 같은 할매의 손

땅에다 코를 박고 걷는 할매
가다 쉬다 하늘 한 번 쳐다보고
가다 쉬다 하늘 한 번 쳐다보고

하회탈 같은 주름 위엔
옹이 같은 세월
민둥산 잇몸엔
새는 헛바람

십년 만에 들이닥친 한파라는데
자빠질까 겁나는 빙판길인데

딸 집에 가시는 갑다

탈상(脫喪)

"이젠 일년에 세 번만 오자"
언덕 아래로 내려가는
아들 등뒤에 대고 말했다

"이젠 일년에 세 번만 올게요"
뒤돌아보며
손을 흔들며

늦가을 하늘엔
하얀 낮달
억새풀 마음엔
하얀 무명옷

봄 소식

봄이 곁에 눕는다
푸르름 길어 올리는 나목
냇가엔 음률이 흐르고
뺨에는 알싸한 바람이 스치고

봄이 몸속으로 기어든다
숭숭 구멍 뚫린 뼈를 메우고
삐거덕 소리 나는 무릎을 고치고
침침한 눈을 닦는다

포롱포롱 멧새 날아와
어디론가 가잔다
주섬주섬 따라나서는 길
사위는 추위를 떨쳐내며 용트림하고
마음은 어느새 모닥불 지피고

동백섬

"툭~!"
핏덩이 하나가 떨어졌다

파도는
절벽을 때리고
또 때리고
갈매기는
종이비행기마냥
힘겹게 날고
핏빛 사연 끌어안은 동백나무

동백꽃 떨어지는 소리
가슴 무너지는 소리

가을 하늘

뚝 뚝
떨어지는 쪽빛 물감
내 어머니
세모시 치마가
물들어 가고

유년의 이야기가 실려 오는
뺨을 스치는 알싸한 바람

십 리씩 물러나는 하늘
가득한 산국 향

텅 빈 하늘
떠 있는 잠자리

김 미 옥

경남 남해 출생

한국문협 · 한국수필문학진흥회 회원

에세이문학 · 동작문협 회원

지용회 회원

수필집 : 『숨어 피는 꽃』, 공저 : 『행복한 만남』 외 다수

miok0594@hanmail.net

도둑고양이

바람처럼 스치는 그림자
맨발로 쫓아 나가니
어미 고양이는 이미 흔적도 없고
제 몸뚱이보다 큰 생선이 발에 채여
어기적어기적 새끼 고양이
용을 쓰다 무겁게 달아난다
좋다 만 어린 고양이의 가냘픈 등
줄무늬 부스스한 뒷모습
찌르르 오목가슴이 아려와
우두망찰
마당 가운데 섰다
차라리 넙죽 던져라도 주고 말꺼나
그러나 다음 순간
호시탐탐
내 방심의 순간을 노리며
내내 번뜩였을 눈빛 떠올라
햇살 가득한 시골집 마당이
갑자기 오소소 서늘해졌다

겨울 화진포

바람이 친구 하자며 먼저 반긴다
여름날 그 뜨겁던 발자국들
흔적 없이 사라진 빈 백사장
해당화 고운 빛은 어디로 갔을까
아득한 수평선까지 오직 시린 물빛뿐
파도도 외롭다 하얗게 몸부림이다

돌아앉은 해송
주인 없는 별장들
칼바람 묵묵히 견디는
겨울 화진포
세월의 파도에 씻긴
조개껍질 주우며
추억의 모닥불 지펴보는데
찬 공기 가르는 갈매기 울음
검푸른 바다 위로 흩어지고 있다

정 적

나뭇잎 하나 까딱하지 않는
흐릿한 무성영화의 정지 화면
이따금 작은 물주름 밀고 가는 물고기
한 마리 물고기가 깨우기엔 너무 무거운 안개

수면 가득 잔물결 일으키는
한 줄기 바람이 간절한 호숫가의 오후
삐－걱 삐－걱
쪽배 노 저어 잠자는 수면 흔들어 볼까
첨벙
물고기도 더 이상 견디지 못하고
몸을 날려 정적을 깬다
저 멀리 기차는 그림으로 지나가는데

다비(茶毘)

긴 듯
짧은 듯
한 생 끝내고
돌아가는 길

사랑도 미움도
기쁨도 고통도
훨훨
불꽃 춤사위에 녹여 버리고
외로운 귀향길
한 점 바람처럼

가장 정결하게
가장 숙연하게
가장 빠르게
통과하는
불의
문

덩굴손

붙잡아야 한다
귀찮다 더러 뿌리치면
밤을 새워서라도
은근히 다시 다가서야 하느니

한 발 더 나갈 곳 없는 절벽 끝에서도
눈 딱 감고 손 내미는 용기
세상에 서는 일
잡은 것 절대 놓지 않아야 하느니

한시도 손에 힘 풀지 못하는
한없이 연약하면서도
더없이 강한
가족을 등에 진 억척엄마 같은

김 순(筍)

월간 「조선문학」으로 등단
국제펜클럽 · 한국문인협회 회원
동작문협 · 보령문협 · 지용회 회원
수필과비평작가회 · 조선시문학 회원
수필집 : 『수평선 위에 뜬 별』, 『동막골 아리랑』
시집 : 『물꼬 트다』

동막골에서

야－호－
동막골에서 외쳐대니

메아리로
화답하는 삿갓재

정겨웠던 화산내(花山川) 징검다리
기지개 켜는 버들개지

물꼬 트인 보드라에서
옛 이야기 술술 풀어놓으니

미끼 던진 강태공 앞에
줄지어 봄맞이 하는 오리 떼들

벚꽃 십 리 길을 휘돌아 보며
나, 때이른 꽃불을 지폈네

사부곡

내 나이 일곱 살 적 아버지는
멀리 하기도 가까이 하기에도
참 서먹한 한 그루 나무셨다

바람 불고 흐린 날에는
마냥 술에 취해 들어오시고
맑은 날엔 하이얀 모시옷
그 정갈한 모습 다른 세상 분이셨다

젖 떨어지자 생이별한 조모님을
매양 가슴에 담고 사시던 아버지는
비가와도 눈이 와도 속울음 삼키시니
그 눈물 알 것도 같고 모를 것도 같아
그저 옷깃만 매만지곤 했었지요

이제 내 나이 지천명,
문득문득 아픔이 돌아오는 나이
고독한 혼(魂)으로 한많은 인생을
가슴치고 땅을 치며 사시던
내 아버지의 서러운 눈물을
이제야 조금은 알 것도 같습니다.

멧비둘기의 사연

구국구국 구구구국
기집 죽고 자식 죽고

대숲마을을 흔들며
슬픔을 돋우던 너

훠이~ 훠이~
손사래 치던 어머니

팔삭둥이 낳으려다
하늘나라로 간 올케

가죽나무 위에 앉아
큰오빠의 애간장을 녹이고

내 갈래머리 땋아주던
큰올케의 그 혼이

오늘도 내 귓가에는
구국구국 구국구국~

라일락

작다고 얕보시나요
향기만은 으뜸인 걸요

이 봄 그대 오신다면
천상의 향기를 풀어

보랏빛 향연의 뜰에
청량한 시로 피어나리

무궁화

벌나비의 숱한 사연들

저리도 여미고 여미어

뚝뚝

지는 일편단심

김 은 숙

이화여대 불어불문학과 졸업
지용회 회원
향수시인학교 부회장
시인의 마을 이장

성전암에서

왔나?
앉거라
외롭나
욕심을 버리거라

바람이 와서 흔들고 가는 소리
무너지는 소리
하얗게 변한 세상

작은 사랑

허공을 향해
돌아오지 않는
기다림의 화살을 쏘네

지칠 줄 모르는
그리움의 사랑을 하네

멍든 가슴을 열어
바보처럼
님의 품에 안기고 싶네

오솔길

싱그러운 바람
소나무 사이
군데군데 피어 있는
개나리, 진달래
이슬비에도 꽃잎이 떨어지고

그 누군가 나를 기다리고
있지 않을까

바 람

새소리 어우러져
차가운 듯 스치며
어지러운 마음 잠자게 하네

하늘을 보며
바람을 맞네

연인 같은 바람

핏줄

훌쩍 커버린 손자
공항에서
껴안아 보는 순간
온몸에 짜릿한 뜨거움

응어리 하나 남겨 놓고
떠난 그이의 핏줄이
손자가 되어 내게 왔네

김 정 의

성균관대학교 경영대학원 수료
월간 「문예사조」 수필 등단
한국문인협회 회원
한국문학가협회 회원
수필집 : 『분홍보따리』
sungbukjung@hanmail.net

손자의 그림

여섯 살 난 병국이가
내 그림을 그려왔다

얼굴은 넓적하게 그리고
이마엔 가로 줄을 세 개나 그어 놓았다
머리칼은 담장 위의 철조망처럼 그리고
양팔 쫙 벌려 손가락 다섯 개씩 정확하게 그렸다
파란색 원피스를 입고 서 있는
하릴없는 교통순경 할머니

터져 나오는 웃음을 삼키며
너무 늙어서 싫다고 했더니
내 얼굴 빤히 쳐다보고는
등 토닥거려 주며
다음번엔 이마 주름을 한 개만 그리겠단다

아이들 눈과 생각은 거짓이 없는데
억지를 써보는 할미를 어떻게 생각할까

통화

무료한 시간
친구에게 전화 걸면
내 보따리는 풀기도 전
상대의 말 홍수에
떠밀려 간다

“응, 그래, 아이코, 얼마나 힘들었어”
그것도
상대의 말에 리듬을 타다
재빨리 틈새를 비집고 들어가
응대를 한다

말하고 듣는 일
반반의 비율은 어떨지

장수 만세

90에 인공관절 수술
보톡스, 모발이식, 임플란트
노안 교정술
패인 볼에 지방 이식
앞머리 빠지면 뒷머리로 이식
혈관도 스텐트 장치로 싱싱
건강에 좋다는 약 다 찾아 먹고

옛날 같으면
풀 죽어 누워 있을 노인들
건강 교실 찾아다니며 율동 체조한다

"야, 너희들 웃기지 마
일흔이면 한참 영계다"

아카시아 숲

불벼락 뙤약볕 속
잎사귀들의 신음소리 요란하다

위에 있는 잎들이
언제나 비 마시는 소리 들려줄지
아래 있는 이파리들
귀 세우느라 목 돌아간다

하느님도 무심치 않아
비구름 불러 모아
위에 있는 넉넉한 잎들
밑에 사는 가난한 이웃들에게
한 방울 한 방울 내려준다

해가 나와 다시 비추면
저 어둡고 구석진 속에도
싱그러운 빛이 가득하리라

바퀴벌레

골목에서 기어가는 호박씨만한 놈
살짝 건드리니 발랑 뒤집혀
여섯 다리만
허공을 향해
휘젓고 있다

비둘기가 날아와 쪼아간다고 해도
어찌할 수 없는 무력함

발끝으로 젖히니
쏜살같이 도망간다

사람의 일도
혼자서 허우적거릴 때
옆에서 조금만 잡아주면
일어설 수 있는 것

백 태 희

전 민중서관 편집위원

나가이 다카시 지음, 『평화탑』

소년소녀 문학전집, 『레미제라블』, 『80일간의 세계일주』 외

사가라 아츠코 지음, 『엄마와 아이를 빛나게 하는 몬테소리의 메시지』 외

일어번역 다수

지용회 회원

bth31@hanmail.net

6월의 꿈

토끼풀로 꽃반지 만들어 끼고
풀꽃으로 화관 엮어 쓰고
햇빛으로 들러리 세우고
들꽃 하객으로 모시고
드넓은 초원에서
나는야 어여쁜 6월의 신부

부푼 가슴 날개 달고
물결 치는 보리밭 위를 지나
은 비늘 반짝이는 강을 건너
보랏빛 하늘 날아갈 때

새벽닭이 울어
초여름의 짧은 밤이 밝았네

못다 한 꿈이 아쉬워
잎새마다 이슬 맺힌
6월의 아침

진통

닭장 속에서 닭들이 알을 낳는다
한 달에 스무일여덟 개씩이나
쉽게 쉽게 출산을 하고
자랑스럽게
꼬꼬댁 꼬꼬 환성을 지른다

그네들의 난소에는 무수한 알이
바글거리며 출생을 기다리고 있는데
낳는 것마다 모두가 다 또랑또랑하고 예쁘다
놀라운 생산력

오늘도 나의 시든 자궁은
옳게 배태도 못한 무정란 하나 낳으려고
끙끙대며 미리 진통부터 앓는다

섬진강의 봄

산비탈을 보얗게 뒤덮은 매실 꽃
어린 찻잎에 아롱거리는 햇살
봄은 정녕 섬진강으로부터 오나보다

강물은 은 비늘로 반짝이고
하얀 강 벌에 인적은 없네
조는 듯 일렁이는 빈 배 하나
고즈넉한 세상

희망과 체념을 새끼줄처럼 꼬아가며
재첩을 잡고
매실을 기르고
찻잎을 따며
삶의 멍에
아름다운 풍광으로 승화시킨
섬진강의 봄

봄 미나리

양지바른 뜨락에 가마니를 깔고 앉아
엄마와 딸이
미나리 고갱이 쌈으로 점심을 먹는다
파, 마늘, 고춧가루, 깨소금, 참기름
갖은 양념을 넣은 양념장과 어우러진
봄 미나리 향긋한 싱그러움
엄마와 딸은 서로 눈을 흘기며
입안 가득 쌈밥을 밀어 넣고
마주 보고 웃는다

엄마는 지난날의 기억을 되새김질하고
딸은 미래의 추억을 살 찌우고

눈 오는 날

환한 즐거움은 아니지만
가슴 설레게 하는 은회색 풍경은
먼 기다림으로 쌓여서
아쉬움으로 스러지는가

하늘이 어머니 치마폭처럼 포근히 내려앉고
시간이 미련인 양 제자리걸음하는 한때
새하얀 목화송이 내려와
헐벗은 계절 위에 이불 덮었네

차바퀴에 감긴 체인의 철렁이는 소리
성난 황소 같은 도시가
보기좋게 재갈이 물려
가슴에 빨간 신호등을 켜고

눈물 콧물 뒤섞여 빙판이 된 길
잡아도 안 되고 잡혀도 안 되는
벼랑 끝 걷는 마음
너는 너대로 나는 나대로

눈에 갇히어
고독에 갇히어
'세한도' 따로 없네
위리안치 되었네

손 현 숙

한국문협 광명지부 신인문학상
월간 「순수문학」 시부문 신인상으로 등단
영등포문인협회 회원
여성 미술공모전 특선
대한민국 수채화 미술대전 우수상 수상
한빛전, 금천 수 사랑전, 아름다운 수채화전 등
한국 야외수채화가회 회원
sonhs555@.hanmail.net

당신의 가슴

가슴 시리게 하는 사람
생각하면 가여워서
눈물 젖게 하는 사람
설렘도 두근거림도 없지만
보석 같은 사람

작은 기쁨에서 무너지는 슬픔까지
나눌 수 있었던 사람

때론 다투며 미움의 씨앗 품었어도
지나가는 바람이었을 뿐
작아진 어깨를 사랑하며
주름진 얼굴을 사랑하며
외로워진 당신의 가슴 속에
나의 집을 짓습니다.

메마른 땅
야생화 꽃밭에서
고단한 삶 쉬어가게

오늘도 당신의 가슴 속에
나의 집을 짓습니다.

어머니의 정원

그리움이 머문 마을
어머니 사시는 곳

손길 닿은 자리마다
돋아나는 잎새들

꽃잎의 속삭임
채소밭 바람소리
들풀의 노래

투명한 웃음 자라나고
바람도 쉬어가는
어머니의 텃밭

어머니 노래 소리

인터넷 친구

얼굴도 이름도 모르는
친구

힘들고 외로울 때
의지하고 위로받는
친구

희망과 절망을 함께 나누며
하루만 안 보여도 걱정
조금만 멀리 해도 궁금

문자와의 소통이
어느덧 마음의 문을 열어
매일 달려가는 자리

천둥 번개 치는 날에도
눈보라 비바람 부는 날에도
언제나 만날 수 있는
친구

오늘도 그리움 안고 찾아간다.
인터넷 속 그곳
그 자리

물감

함께 인내하고 고뇌하며
설렘도 기쁨도 같이 했던
고운 색의 친구들

붓을 들지 않아도
눈부신 아름다움으로
유혹하고 재촉해 주던
사랑스러움

현란한 색의 향연
울컥 목이 메어
쏟아져 내리는
무지갯빛 영혼

다시 부르는 노래

수많은 사연들
한참을 아프게 쏟아내며
어디론가 떠나고 있다

차창밖엔 스치는 풍경들이
수채화처럼 다가왔다 물러서고
도심과 자연이 한데 어우러져
미처 삭이지 못한 통증들이
풀숲에서 침묵으로
서성이고 있다

별이 뜨기 전
스쳐 지나가는
찰라에서도
신음하는 영혼의 소리들

이 모두를 끌어안는
너그러운 자연
메마른 가슴들을

사랑으로 하나되게 한다

제각기 다른 이야기가
거미줄처럼 감겨
다시 불려지는 노래
오늘 또 내일

유 재 철

중앙대학교 정경대학 통계학과 졸업
지용회 회원
쉼표문학 회원
lukeyu51@hanmail.net

가을걷이

주홍 등불 밝힌 감
밤송이 벌어 대문열어 젖힌 밤
낙엽 되어 가을 이삿짐 싸는 무성한 잎들
홍수, 가뭄, 무더위, 혹한, 모든 근심 다 잊고
오늘의 추수만 즐기리
남들 탓하지 않으리
구성진 날라리소리 앞세운
농악대 풍악 소리 풍년을 더하네
"더엉덩 덩더꿍"

묵묵히 씨 뿌리고 가꾼 자
풍성한 가을걷이 즐거운데
나 무엇 거두리
글쓰기 배우고 배워 익힌
순수한 심상 가득 거두어
이 가을 시의 풍악 울리리
고마운 가을걷이 드넓게 울리리
"더엉덩 덩더꿍"

병원의 음악회

오늘은 외래 진료일
나는 한풀 꺾인 죄수다
병원 종사자 모두가 우러러 보인다
내 생명줄 그들의 손아귀에 잡힌 것처럼

종합병원의 북새통 속
겁먹은 나를 감싸 안는 부드러운 소리
병원을 찾아온 작은 음악회
저음의 첼로 소리
형언할 수 없는 감미로움으로 정신을 빼놓는 바이올린 소리
다른 악기들과 어울려 평온한 메시지를 전한다
연주하는 청소년들의 푸릇푸릇한 몸동작들
'음악은 고난을 위로하고 기쁨을 더하게 해 주는 것'
먼발치에서 힐끗힐끗 귀동냥한 음악회
연주곡은 몰라도 내용은 몰라도 그저 푸근하다
환자 죄수의 꺾인 풀 조금은 살아난다

주사 바늘이 뚫은 자리 뒤처리해 주는 거즈
음악은 내 마음을 뒤처리해 주는 거즈
병원을 찾은 작은 음악회

하모니카 배우기

하모니카 소리가 나를 부른다
무슨 노래인지 모르게 진도에 따라 제각각 빽빽
그 소리 서툴러도 절로 손과 발의 장단이 동행한다
초등학교 음악교실로 다시 돌아온 듯
머쓱한 흥분으로 이끈다
중간 '도' 위치에 입을 벌려 물고
놀림인지, 애교인지, 쇠사슬 재갈 물린 말인지
왼쪽으로 혀 내 물어 하모니카 구멍에 끼우고
불면 '도', 들이키면 '레' 연속 들이키며 '라와 시'
입으로 물고 혀를 날름하고, 불거나 들이키고
세 동작 연속이니
만만치 않아도 곧 가능할 것 같은 재미
햇병아리들 지정곡 '똑같아요'
'무엇이 무엇이 똑같은 가~'
'도미솔 도미솔 라라라 소~올'
내 연주에 하모니카가 노래하니 신기
벌써부터 못할 곡 하나도 없어진다
시간 말미쯤 좀 어려운 공통 곡
악보를 덮고 선생님의 피아노 반주 따라 연주하라니

커닝 페이퍼 된 손바닥
음정과 가락 따라 몸이 선율을 탄다
소리를 멀리 보내란다
전체 무 연주부분에서 제발 음을 내지 말란다
햇병아리들은 금방 벙어리들
그 곡 끝나고 햇병아리 기 살리는 특별 시간
햇병아리들만 '똑 같아요' 연주
선배들의 격려의 박수에 정신이 번뜩 든다
순간 전체가 더듬더듬 흔들흔들
마음은 벌써 동요에서 건전 가요로 간다
나이테가 많아질수록 동심으로 향하는 마음들
하모니카 소리로 옛 동심의 앨범을 편다
해묵은 뿌리에서 돋아나는 파릇파릇한 동심들
오빠 생각, 퐁당퐁당, 과수원 길, 둥글게 둥글게, 앞으로 앞으로…
하모니카의 내쉬기와 들이쉬기에 따라 나고 드는
흰 머리칼의 열정들
즐거움의 열정들
바지런함의 열정들

문자 메시지

둘만이 주인공이 되는
일상의 평범한 사연들의 자유게시판
그 내용 너무 줄이면
엉뚱한 이야기 되고
많은 말 길게 붙여 쓰면
뜻풀이 한참 걸리고
기다려지는 문자 메시지
검색만 뻰질나게
자꾸자꾸 보내고 싶은 문자 메시지

짧으나 긴 여운
껐다 다시 켜서 보길 여러 번
벙어리웃음 지으며
영글어 가는 마음과 마음
조용히 전해 오는 친밀한 정감
말 없는 1대1 수다
기호로 웃음소리도 전하는
따듯한 일상의 시
문자 메시지

아들의 결혼

예쁜 아가씨와 결혼하고 싶다네
젖병 물고 다니던 때가 엊그제 같은 녀석이

아들과 딸을 둔 생면부지 두 집
맺어지는 게 쉽지 않다
무엇이 어떻고 저떻고
내 아들이 그 집 아들인 것 같다
그 집 딸은 내 딸 같을까

'모든 남자는 여자의 남자'라는 친구의 말
서서히 몸에 익혀야 할 때
그래도 조금 더 내 아들이길
넌 아빠 삶의 이유였으니
축하한다 너의 결혼을

이 규 자

연빛 동인

지용회 회원

한국문학신문 전 편집인

공저 : 『빛나는 수필』

lkj5671@hanmail.net

엄마의 지팡이

이젠 세 발이 된 엄마
똑 똑 똑
지팡이 짚고 현관 나서는 소리
그 새 십 리 쯤 온 듯 숨이 가쁘고

아픈 모습 보면서도
내 삶 먼저 챙기며
모른 척한 딸

어쩌다 다녀가는 야속한 자식
인정 없게 떠나는 딸 뒤에서
넘어질까 한 손으로 벽을 짚고
손 흔들며 서 있는 어머니

지팡이 자식 삼아
혼자 올라가는 계단
불규칙한 소리
내 가슴 도려내는 똑 똑 똑

강촌 가는 길

물안개 피어 희미한 강
내 지나간 시간처럼
잠이 덜 깬 이른 아침의 몽롱한 모습

흐린 회색빛 강물
물 위로 보이는 큰 바위
굴러가다 강 모서리에 쌓여 있는 둥근 돌

비 맞고 있는 강물 위
바위에 매달린 철쭉 꽃
흙도 없이 어떻게 저곳서 살아 꽃을 피웠을까
생명의 위대함과 강인한 끈

지천명에 이르러
삶 자체가 도 닦는 일이었음을 알았고
돌이 남모르게 물 속에서 구르고 부딪치며
모서리가 닳았듯이
사람과 부딪치며 모난 마음이 닳아
둥근 원이 된 나

둥근 강 돌멩이와
세찬 물살 가르며 자리 지킨 큰 바위
도 닮으며 둥근 원이 된 내 상처
아우르며 강촌 가는 길

통증의 기억

"손가락을 잘라야겠어!"
마늘 다지기 칼날에 박힌 손가락을 붙잡고
구급차에 실려가 응급실에서 떨고 있는 내 귀에
의사와 간호사의 소곤거림
"제발 손가락 자르시면 안 돼요"
의사의 옷깃 잡고 애원하던
나의 목소리

홀시아버님 모시며
'왜 나만 이렇게 살아야 하나' 원망하며
삐죽이 돋아나는 미움의 싹
애정 담긴 생신상이 아닌
맏며느리 겉치레 상 차리다 다친 손
찬바람 맞으면 시리고 아려오는
그 손가락의 기별
정성 드리지 못한 생신상의 기억
가물거리는 그날의
통증의 기억

시(詩)

낚시꾼들 모였다
통영 앞바다
낚싯바늘에 감정이라는 찌를 끼웠다
잠시 후 손으로 전해오는 작은 떨림
잽싸게 낚아채 올리니
걸려 나온 추억 하나
옆에서는 대어를 낚았다며 흥분하고
바빠진 나의 손길
초조함의 찌를 문 상념 하나
헛손질하는 내게
대어 낚은 낚시꾼의 말
"순간 포착을 잘해야 한다"고
오늘도 허기진 가슴은
빈 고기망 속을 휘저으며
낚싯대 탓

달력

깨끗한 종이 위
열두 달의 꿈을 꾸며 걸어 놓았을 달력
이젠 빛이 바래어
얼룩덜룩 찌든 모습이 애처로워 보입니다.
앉아 달력을 쳐다보는 이들의 희망과 삶의 계산들이
얼마나 복잡하고 또 얼마나 행복하였을까요?
오늘은 한 해를 보내느라 수고한
찢겨 가버린 열한 달의 노고를 위로해 주고
남은 한 장 달력에는 감사장을 주고 싶습니다.

이 현 실

한국예총「예술세계」 수필 등단

영농신문 주최 한국농촌문학상 제5회 작품상 수상 외 다수

중앙대예술대학원 문예창작과 수료

예술시대작가회 · 동작문협 회원, 문학동인 글마루

수필집 :『꿈꾸는 몽당연필』

hyunsilpen@hanmail.net

꽃길

소소리 바람에 꽃비 뿌리면
아기 손톱 같은 벚꽃 잎들이
새 길을 낸다

어린 꽃잎 떨구며
가지마다 새 닢 어서 돋구려
서둘러 제 한몸 바친 이유를
굳이 꽃에게 묻지 않겠다

곱디 고와
차마 딛고 갈 수 없는 그 길

공손히 꽃잎 한 장 집어
두 손바닥에 올려놓고
꽃잎의 지문을 읽는다

누군가의 가슴에
연분홍 아기 손톱 같은
꽃비로 남기고 싶은 봄날

지상 어디선가
낮은 종소리 들려오면
연둣빛 바람이 분다

J에게

통통배 하나
바다를 밀고 간다
통영 앞바다

푸우, 푸우
물을 뿜는 물보라

배 지나간 자리
달려와 서둘러 상처를 봉합하고
아우르는 바다

나 언제 그대에게 물길된 적 있었던가
그대의 상처 만져준 적 있었던가

철썩이는 파도 소리에
젖은 울음 우는 갈매기 날갯짓 따라
해일처럼 밀려드는 상념

雲鳥樓*

전라남도 구례군 토지면 오미리
구름은 무심히 산골짜기에 피어오르고
새들은 날기에 지쳐 둥우리로 돌아오네

뒤주 속에는
두 가마니 반의 쌀이 채워져 있어
배고픈 사람
누구나 쌀독 마개 열어
쌀을 퍼가도 되는 집

앞마당 장독대 옆
매화 한 그루
섬진강 맑은 물소리
귀 열어놓고
이백 여년 흐드러지게
저 혼자 피었다 지네

* 조선 영조 52년에 당시 삼수 부사를 지낸 유 이주가 세운 조선 시대 양반가의 대표적인 구조의 집. 도연명의 시 귀거래사에서 따온 첫머리 두 글자.

철길

덜커덕 덜커덕 달리던
육중한 기억들이
침묵과 침묵 사이
자갈과 자갈 사이
까무룩 잠이 든 철길

세상을 딛듯
두 팔을 벌려 조심조심
철길 위를 걸어보면
지상의 몇 센티 철로 위에서
허둥대고 만다

아차,
어름사니는 줄을 탈 때
바람이 부는 반대 방향에서
줄부채를 쥐고 균형을 잡았지
동행이라 믿었던 마음의 평행선은
먼저 넘어오라고
팽팽한 줄다리기

탁! 한쪽 끈이 잘려나가고
잘린 사이사이
하얗게 사라져버린 날들
선명히 뻗어 있는
뫼비우스의 띠*
두 줄

엄나무

새벽
새 소리
강원도 화진포 호숫가
후드득 떨어지는 단풍잎
발등 위에 홑이불처럼 두르고
제 몸의 가지마다
화살 같은 가시를 세우고
서 있는 나무
팔짱을 끼듯
무심한 척 보이는 저 나무는
외로운 마음 감추기 위해
바람에 흔들리고 있다
가슴 속 무겁게 가시 박힌
아픔 하나
엄나무 곁에 부려놓고
슬며시
호숫가를 돌아 나오는 물안개

임 덕 기

이화여대 국문학과 졸업

「수필시대」 신인상으로 등단

제8회 여성문예원 공모전에서 수필부문 우수상 수상

한국문인협회 · 이대문인회 · 송현문학회 회원

수필집 : 『조각보를 꿈꾸다』

지용회 회원

limdk207@hanmail.net

개나리꽃

회색 건물 사이로
까르르
웃으며 걸어 나오는
철 이른
노란 개나리꽃
한 무더기

재잘대는 밝은 목소리
경쾌한 웃음

하늘을 찌르며 날아가
깊은 바닷속처럼
흐느적이는
도시의 일상을
흔들어 깨워준다

아득히 먼 날
사라진
눈부신 내 젊음이
그들을 따라
함께 걸어오고 있다

숲 속 나무

가지 끝이 한 방향을
가리키는
숲 속 나무

빛을 향해
달려가는 마음
손을 뻗어
반가움을 전하네

잔잔한 그리움 삭이고
모진 고통 감내하며
오늘도
태양을 향해
높이 치켜든 손

손끝에 부서지는
정겨운 햇살에
눈이 부시고
반가움으로 울먹이는
숲 속 나무

베란다 뜨락

겨우내 화분 속에서
죽은 듯 잠들었던
산나리가
어떻게 알아차렸는지
뾰족한 새싹을 밀어 올리자
해마다 잎만 무성하던
붓꽃도 시샘하듯
온 힘 다해 기지개 켠다

해마다 정월에 활짝 피던
동백꽃은
지난해 분갈이로 몸살을 하는지
기진한 모양으로
한두 송이씩 피기 시작해 애처롭고
잊지 않고 싹을 틔우는
단풍나무 새순이 고맙다

어깨를 기댄 채
석류나무, 때죽나무, 벚나무

서로 눈인사 나누기 바쁘고
영산홍은 수줍은 얼굴로
터져 나오는 웃음을 참고 있다

사금파리 같은 봄 햇살 내 뜨락에 눈부시다

잔설

폭설이 내리던 날 숲속엔 눈이 쌓여
한치 앞길도 보이지 않았다

그 많던 눈도 이제 사라지고
상수리나무, 갈참나무 둥치 아래
잔설이 쌓였다

한풀 꺾인 겨울 날씨로 햇살이 몰려온 오후
순한 모양새로 메마른 땅을 적시며
떨어진 갈잎 사이로 녹아내린 눈은
겨울잠 자는 뿌리를 깨우고
나무 줄기에 흐르는 수액을 꿈꾸며
이제 땅속 깊이 스며든다

어디선가 울어대는 까치 소리에
겨울이 놀라 뒷걸음질 친다

봄, 무르익다

밤사이 내린 비에
유리창에 물꽃이 돋고
숲에는
산길 따라
들찔레 마른 입술이 젖었다
애기똥풀, 쇠뜨기, 달개비
까치발을 쳐들고
발등이 흠뻑 젖었다

긴 나무 의자 위로 가지 뻗은
산벚꽃은
차가운 빗방울에 놀라
꽃잎을
땅 위에 흩뿌려놓았다
의자 위엔 하얀 꽃방석

줄지어 늘어선
삼나무는
해묵은 잎을

나무 밑둥치에 쌓아 놓은 채
깊은 생각에 잠겨있는데

물기 머금은 숲엔
이따금 고요를 깨뜨리고
따르르르
딱따구리 나무 쪼는 소리에
봄의 키가 한 뼘이나 늘어졌다

전 영 모

시집 : 『제 그림자의 그늘』, 『형수는 거짓말쟁이』
「열린 시학」 회원
「아름다운 시인들의 모임」 동인지 창간호 참여
서울시 중구문인협회 회원
ymjun0129@dreamwiz.com

개여울

비만 오면 건너지 못해
십 리나 됨직한 산길을 돌아
비에 흠뻑 젖으면서도
책보자기는 적시지 않으려
안간힘을 쏟았었지
등, 하굣길에는
개울 둑 밑에 옹기종기 모여 놀며
미역 감고 물장구치던 곳

인제 보니 그 개울 좁고 얕았었네
고향 가는 길
시장 건너 반계 천

누구였을까

세무 직원이 들이닥친다

가정에서 술 담그는 것이 불법이었던 시절
양조장 도가에서 술은 사 오지도 않는데
형은 늘 술에 취해 있었으니
누군가가 세무서에 고자질한 것이다
누구였을까

우리 집 대나무 숲은 대나무 숲이 아니다
술 단지는 항상 그 품안에서
이곳저곳을 전전하며 숨었으니
그 숲속은 형이 즐기던 술단지의 은신처
세무 직원과 술단지는 술래잡기를 계속한다
대나무는 알면서도 모른 척 시치미

병문안

누가 부르는가.

일손 놓으라 하네

못 들었다 하게
이 사람아
그리고
그 뜻 깨달으려면
10년은 넘게 걸릴 것이라 하게
자네 부인도 몸이 성치 않으니
연기할 수 없느냐고 해보게

아니야,
갈 사람은 가야지
힘없이 웃는 친구

하얀 밤

설달 열이레
긴 밤을 지새우다
새벽녘에 창문을 여니
얼굴을 후려치는 한겨울의 찬 공기
서쪽으로 기울여지는 이지러진 달
외로워하는
나를 뒤로 한 채 가는 것이
사뭇 아쉬운 듯 자꾸 비추는구나

달은 서산을 넘고
밤하늘에 병졸같이 깔려 있던
작은 별들도 서서히 자취를 감추니
장군 같은 새벽별만 남아 있다

어제 저녁 노을에
홀로 날던 갈매기 한 마리
어디로 날아갔을까?

들꽃

팔월 중순
태풍과 폭우가 한바탕 소란을 떨고 간
북한산 길섶을 오른다.

보일락 말락
몰래 핀 앉은뱅이 패랭이꽃
살포시 고개 내밀고
작은 눈 크게 뜬 채
허구한 날 산을 오르는 그 많은 발자국 소리를 세고 있다
어제 세어본 숫자도 기억에서 잊은 채
오늘도 하나 둘 셋…
세어보다 또 잊은 듯
고개를 갸웃거린다.

한 가닥 바람이 스치고 지나니
키 큰 원추리와 참나리꽃
길고 가냘픈 허리를 휘청거린다.
무거운 머리 숙여 인사하는 저 고갯짓

누가 돌보지도 않았는데
저 홀로 피어 있는 들꽃
꽃이 있어도 아무도 거들떠보지 않네

정 광 영

시인의 마을 회원
chungky3@hanmail.net

고향의 봄

내 고향은
지리산이 품었고
남강 발원천이 감싸 안은
매화 진달래 피고 지는 꽃마을

겨울잠에서 깨어난
동네 앞 실개천 졸졸졸 노래하고
앞 들판 아지랑이 아롱아롱 춤출 때
홍매화 꽃망울 배시시 내밀면
봄 노래 흥얼흥얼 흘러나온다.

내 자랄 적 뛰놀던 고향 언덕
정든 친구들
어릴 적 창을 열고
그려보는
고향의 봄

내게도 봄이

우수 지나고
경칩이 문턱에서 서성이니
잠자던 대지가 기지개 켜고
여기저기 꽃소식 들려온다.
노인도 가방 메고 배움터 들락날락
어릴 적 가방 메고 달음질하던
추억의 옛길이 눈에 밟힌다

달려온 봄
나의 혼을 깨우니
마음 따라 몸도 풀린다.
내게도 봄이 오나 보다
찾아온 봄을 반갑게 맞아

알콩달콩 지내면
내게도
봄이 온 거지
봄이

헛소문

아! 살아왔구나!

영안실 게시판에
친구 이름 보았다는 소문에
심장이 멎는 줄 알았다

터무니없는 해프닝
잃었던 친구 찾은 듯 더없이 반갑고
힘든 세상살이 서로 도우는
둘도 없는 귀중한 벗

헛소문이 명을 늘렸으니
오래오래 살려마
친구야

아내라는 이름의 친구

안갯속을 헤맬 때
길동무되어 주고
때로는 계단이 되어 주고

속에 것도 나눌 수 있는 사이
본시 남남이었는데
황무지 함께 개척 열매도 거두었고
세월이 우리를 묶었다
세월의 끈이 강철보다 강하다
끊으려 해 본 적도 없다

흐르는 세월이 좋아 묶여서
흐르는 대로 춤추며 지났다
건강, 행복 내리신 은덕
오래오래 열어보며
이불 덮어 주고 등도 긁어주는

없어서는 안 될 친구

즐거운 나그넷길
함께하자 찰떡 같은 약속
그 약속
미소로 더듬어 본다.

아들 · 딸에게

가시밭길이라 했지.

지나온 길
녹녹치 않았지
즐거운 것
어려운 일
마음이 만들었다.

뜻 두어 매달리면
사임당이나
황희도 못 길러낼 소냐.
어려울 땐
인내력에
도움 요청하고
하늘이 내린 토양에 퇴비 주면
안될 게 없느니라.

희망을 가져야지
희망을

소연 정순자

한국문협 회원
펜클럽 회원
한국수필문학가협회 이사
이화여대 평생교육원
수필문학회 고문

우이동 계곡

맑은 물에 단풍나무 목욕을 한다
따듯한 가을 햇살
흐느적거리는 바람
사람 꽃 울긋불긋 길을 덮고

화장 곱게 하고
숨 쉬는 계곡

박꽃

이른 봄
구덩이 만들어
박씨 두어 개 심었다
대나무 사다리 놓아 주었더니
박 넝쿨이 타고
지붕으로 올라갔다
하얀 박꽃 흐드러지게 피어
별들과 소곤거리다
아침별이 삭아지면
입을 다물곤 했다
이슬비 받아먹으며
예쁜 박들
귀뚜라미 노래 들으며
초가지붕 위에 올라앉았네

오월의 고향

노랑 병아리 몰고 다니는 어린 닭
살구꽃 복숭아꽃 진 뜰
모란이 곱게 핀 장독 가
앞 무논 개구리 울음 소리
모가 파랗게 자라고
보리 벤 논
갈아엎어 써레질해 놓아
논물이 햇볕에 번들거리네
어머니 새참 머리에 이고
손에는 주전자를 들었네

고향 길

내 고향 살구골의
비포장 길 위에는
우마차 덜컹 댔고

날마다 오가던 동무들
즐거움 담아 있던
정다운 징검다리
아련히 떠오르네

네 잎 크로바 찾다
하굣길은 저물고

어둠이 길 위에 내려
발걸음을 집으로
재촉했던 나의 고향집

춘천행 전철

김유정 문학관 찾아가는 길
춘천 가는 전철 타는 상봉역
사람의 홍수
알록달록 등산복 차림
누가 누구인지 구별 어려워도
자기끼리는 잘 알아본다
만남의 기쁨
소리 내어 웃으며
개통한 춘천행 전철에 몸을 싣고
가을이 무르익어 가는 곳곳마다
피어나는 웃음꽃

수현 **최 현 희**

고려대학교 대학원 최고경영자 과정 수료
(사)국제라이온스협회 354A 지구 지역부총재 역임
좋은나라 유치원 : 파란나라 어린이집 이사장
한국수필문학가협회 이사, 수필과 비평 신인상
이화수필문학회 초대 회장 역임
청탑수필문학회 부회장
2009년 허난설헌허균문학상 수상 외 다수
2010년 문예춘추에서 윌리엄 버틀러 에이츠 문학 대상 수상
cochon84@naver.com

봄꽃 축제

유달리 추웠던 겨울
사르르 사위어 가는데

수그러질 기미가 없는 구제역 사태
소비자 물가와 유류가 급등

기대했던 남도의 봄꽃 여행은
아무래도 부담스러워지고

전남 광양의 매년 열렸던 매화 축제
구례의 산수유꽃 잔치까지
줄줄이 취소되었다

놀이공원이나 또는 수목원으로
올해는 소박한 봄꽃 축제로

어린이집 입학식

고사리 손으로 엄마 손잡고
솜털 보송한 꼬마들
수줍어 엄마 뒤에 숨었네

상냥한 선생님들 환영에
더러는 금방 안기지만
어떤 아이는 엄마 손
놓지 않고 칭얼댄다

예쁜 가방과 원복 받아 들고 나면
금방 좋아하며 선생님 곁으로 가는
귀엽고 여린 꿈나무들

넓은 정원, 파란 잔디 깔아 폭신하고
갖가지 신기한 놀이기구들
생글생글 반기며 손짓하네

넓은 정원 가에 살구나무, 대추나무
작은 언덕엔 감나무, 앵두나무

연둣빛 새 잎들도 환영하며 반짝인다

서울 형 파란 나라 어린이집
차츰 친해져 서로 다퉈 어우러지는
귀여운 새싹들

유월의 붉은 꽃

유월이면 온 산하가 붉은 물결로
미처 피지 못한 청춘의 넋들
목숨 바쳐 지켜낸 부모 형제
들꽃으로 온 산하가 붉은 꽃밭이 되어
비목도 쓰러진 채 전설로 남아 있는데
시선 잃은 넋들은 세월에 묻혀
이제 그 유복자들이 회갑이 되었네
잎이 바래져 버린 추억 솟아오르는 그리움
가슴에 삭이고 그날의 슬픔을 되새기며
한 시대의 역사로 남겨 듣고 느끼도록
다시는 후손들일랑 이런 비극 없기를

도약

뜨겁게 세상을 호령하며
달구었던 태양이
서서히 서쪽 평원으로
가라앉을 때
원시림 속의 마사이족 사내들

땅을 구르고 목을 꼿꼿이 펴
하늘 높이 뛰어올라
태양과 키를 재본다
온몸으로 저 태양을
희롱하며 놓아 준다

도약의 몸부림은
위로 솟구치고
태양은 밑으로 내려앉아
지구가 한 바퀴 자전하면
원시부터 간직해온
마사이족 청년의 희망과 꿈이
태양처럼 부풀어 오른다

영월 동강 · 1

갓봉에 터를 잡은 낙락장송
어라연 계곡 도도히 흐르는 강물
모진 풍상 견뎠을 세월 앞에
우여곡절 많은 인생길처럼

산 굽이굽이 휘돌아 흐르고
구름도 누굴 기다리는지
백운산 자락에 서성대면 다시 올 수 없는 길
차마 떨어지지 않는 발걸음 뱃길 끊긴 나루터
격정의 물길도 이내 유순해지고

하늘 마주 보며 순하게 흐르는 여린 물길
생의 고비길 같은 여울목 지날 때마다
쌓여가는 한 서린 물길 낮은 곳으로 흘러
검푸른 물빛 영월 동강

한 시 원

1992년 「수필공원」(현 에세이문학) 등단

저서 : 『전화여행』, 『백제불교의 원류를 찾아서』 외 다수

수필선집 : 『모천으로 돌아가다』,

『사랑만하다가기도 짧은 인생을』

1999년 제17회 현대수필 문학상 수상

수필문학진흥회 · 송현수필 · 한국문인협회 · 국제펜 한국본부 회원

지용회 회원

hkj503@naver.com

詩

스멀스멀
신호가 온다

크게 작게
찌가 흔들린다

큰 무늬 작은 무늬
파문이 인다

피라미 새끼일까
폭포를 거슬러 올라가는 잉어일까
손끝에 와 닿는 짜릿한 감촉

낚싯대를 힘껏 잡아챈다
허공을 가르는 은빛 비늘

자목련

살짝
내보이는
보랏빛 비로드에 숨겨진
뽀오얀 살결

벗었다 입었다
바람 따라 너울너울
손짓한다

숨이 멎는다

이별

구름
비눈물 되어
마음밭 촉촉이 적시고
흘러
바다에 이르면
넌 나를
난 너를
알아볼 수 있을까

나뭇잎 하나

눈 비 맞아
찢겨지고 바스러져도
그 가지 놓칠세라 움켜쥐고 있다
가지에 매달려 있는 나뭇잎 하나

답답도 하다
떨쳐버리지 못하는 집념

겨울 가고
어느 날 스르르 손을 놓았다
그 빈자리
봄을 잉태한 새순 하나

그날 하루 나는 없었다

뒤숭숭한 꿈자리가 내 발목을 잡았다
빙판길에 미끄러질 것도 같고
총알 오토바이가 덮칠 것도 같고

약속들 하나하나 금을 긋는다
오늘은 없는 날, 내 달력에서 지운다

현관 벨이 몇 번 울리는가 했더니
가스 검침 오고
택배가 오고
응대하던 아들도 나가버렸다
전화가 몇 번 울리다 그치고
그리곤 잠잠하다

아침 점심 저녁을 한 끼로 때우고
침대에서 뒹굴뒹굴
책을 보다 졸다 보다 졸다

어둠이 스멀스멀 밀려온다

소리란 소린 땅 속으로 빨려들어 갔는지
전화도 잠잠하고 우편함도 비어 있다
다들 어디로 갔나

날 버리고 모두 숨어 버렸나?

한 준 수

한국수필문학진흥회 · 에세이문학수필 작가회 · 다월회 회원

1954~1960년까지 주한터키군부대 통역관

에세이집 : 『칼날 같은 강물 위에서』

hjs6692@hanmail.net

글 사랑

이젠
바람이 좀 자나 보다
풍만한 너의 가슴에 머리 얹고
달콤한 입술을 기대해 보자

너는 꽃이다

수십 년
날개 부러진 나비처럼 너의 주변을 맴돌며
손짓하는 너의 유혹에
나 얼마나 애태웠던가
너에게 다가가지 못한 나는
손이 넷 발도 넷인 듯이 바빴다

이젠
석양에 비친 네 모습이
지새우는 밤별처럼 빛나는 네 모습이
나의 흐린 눈을 밝게 한다

나의 사랑, 너의 입술은 달다
달려오다 타 버린 나의 목을 적셔줄 맑은 물
꽃 피어라 내 안에
나의 석양은 타고 있다

시내(川)

하루도 멈출 수 없네
그냥 두면 탁해지고 이끼가 끼기 때문이네
맨발로 얼음을 깨고 들어가 바닥을 밟으면
발은 시리지만 침전한 플랑크톤이 부유하여
힘 잃은 송사리들이 새로 힘을 얻네

돌아보면 굽이쳐 온 시냇물 줄기
값진 쇳덩이를 모래 속에 묻으며 아파도 하고
모난 돌들을 매끄럽게 연마도 해주었지
이젠 금모래 위를 흘러 바다로 가고 싶네

지퍼

점퍼를 여인이 손수 입혀 주었다
맘에 꼭 들어 샀다
집에 와 내 손으로 지퍼를 끼워보니 잘 안 들어갔다
옷가게로 돼가서 안 들어간다고 따졌다
여인이 점퍼를 다시 입히고는 부드러운 손으로
살갑게 살갑게 끼워 주었다
신기해서 다시 빼고 내가 끼워 보았다
역시 안 들어갔다
열 받은 여인은 다시 끼워 보라 했다
구멍 옆으로 빗나갔다
여인은 내 대문 앞에 두 손을 대고
조몰락 조몰락 조몰락
살짝 끼우더니 다시 뺐다

나는 낑낑대며 지퍼를 채우고
얼굴이 벌게져 나왔다

흐린 날

오늘은 하느님이 골나셨나
온종일 문을 닫아걸고
아무 말이 없으셔

나도 따라 우울해서
산으로 가 외쳤어
야– 활짝 웃어봐
나무들도 검게 선 채 묵묵부답
나의 외침은 메아리되어
절룩절룩 내 심장으로 되돌아 왔어

천사가 하얀 소원을 쏟아 내리려나 봐
창문마다 검은 커튼이 드리우고
숨소리도 들리지 않아
아마 검은 것을 희게 만들어
내려보낼 준비 중인가 봐

나는 또 한 번 외쳤어
야– 큰소리로 웃어봐

바위들도 검은 천을 두르고 선 채
묵묵부답뿐
나의 외침은 몸이 상해 주저앉았는지
되돌아오지 않았어
아파서 목울대를 넘지 못했나 봐

구름에 실려 가는 인생

하늘에 회색 파도가 일렁인다
내 인생이 끝 모를 길을 간다

벌거벗은 아이가 아장아장 걸어나와
갈라진 호수 속으로 몸을 담가
하얀 물에 섞인다

청소년의 필기도구가 모두 도막나
검은 수렁 속에 묻힌다
탑이 선다
일층만 더 쌓으면 완성될 성공의 탑이
하지만 바람이 때려 부숴
무한정 깊은 늪으로 처박힌다

굵은 핏줄, 근육질의 팔다리가
삽과 곡괭이로 땅을 판다
그런 후 푸른 달빛을 밟으며
솜 같은 집으로 간다
아늑하고 기다림이 있는 집

그러나 심술궂은 바람이 떠밀어
우리 집을 주저앉힌다
나는 다시 집을 세운다
전보다 더 크고 궁전 같은 집을
하지만 안타깝게 금방 무너진다

탈모 되고 허리 굽은 몸이 간다
발걸음이 무겁다
끝 모를 바다 안으로
서서히 눕는다

허 영

경기여자중 · 고등학교 졸업

서울대학교 간호학과 졸업(간호학 석사)

전 서울대학교 간호학과 강사

현 경남여성지도자협의회 고문

2010년 가을호 「에세이문학」 추천 완료

huryoung21@hanmail.net

우리 시어머님

우리 시어머님
평소 말씀하시길
'내는 죽을 때가 돼야 말소리가 작을 끼라.'

어려운 수술, 힘든 항암치료도 견디셨는데
입안이 마르고 말씀하시기도 어려운 시어머님

살짝 잠드신 틈에 쓰다듬으며
나 혼자 하는 말
'이럴 줄 알았으면 수술 안 하는 건데…….'

어떻게 아셨는지 나를 만지며 다정하게 하시는 말씀
"니, 왜, 내, 죽는다, 말하지, 않았노."
나를 다독거리시며 괜찮다는 무언의 메시지도 함께.

마음 깊이 며느리가
당신을 안 아프게 해 주리라 믿으셨나 보다

가래, 분비물들을 정성껏 빼고 보니 편안해 하셔서,
'어머님, 오늘은 자식들 모든 일이 해결되었으니
이제 좀 주무셔도 되겠네요.'
세 시간 후, 시어머님은 영원한 잠이 드셨다.

모든 것을 정리해 놓고
사람의 돌아가는 길을 보여주신 시어머님
항상 그때 그 모습을 간직하고 있어요.

말할 수 있다는 것이 얼마나 큰 복인지도 함께
가르쳐 주시고

밝은 곳으로 가신 나의 시어머님.

'도' 자의 매력

왜 사람들은 순위를 따질까.

따뜻하게 정을 나누는 가족 모임.
실컷 대접받은 후에 물이 최고다
또는 역시 김치가 제일 낫다
왜 굳이 최고를 따질까.

'도' 자만 써주면 모두가 행복할 것을…….

김치도 맛있고 물도 맛있네
잡채도 맛있더니 집안 분위기도 최고네
엄마도 좋고 딸도 좋네
신랑도 멋진데 각시도 최고네
이 얼마나 좋은 '도' 자인가.

도레미송에서도 그래서 음계의 '도'가 모임의 리더인가?
도레미파솔라시도 시작과 끝으로 다시 돌아가는 화합의 '도'

윷놀이 '도', 도개걸윷모, 도로 '도'의 유쾌함.
생각할수록 즐거운 '도' 자의 매력.
분위기를 띄우는 "니도 좋고 내도 좋고."
즐겨 쓰자
도 도 도!

오월의 도시

오월의 산하는 푸르고 종일 푸르름에 잠겼던
이 밤에 내리는 이슬비는 몸과 마음을 적신다.

자동차 달리는 소리와 어우러진 빗소리가 내 귀를 연다.
자동차 불빛과 함께 내 마음을 파고드는 빗소리.

건너편 고층 아파트의 불빛은 안개에 싸여 있고
가로등만 가만히 지나가는 차들을 안내하고 있다.

밤바람은 상쾌하고 정성껏 물을 주어 건강하게 살아난 베란다의 꽃들.
마른번개와 천둥소리가 들리는 먼 하늘.
나는 '뭐 별일 있으려고' 하면서 창문을 닫는다.

새벽에 창문을 열면 건너편 아파트의 불빛들이 다투어 켜지고 지나다니는 자동차들이 벌써부터 바쁘다.

짙은 어둠 뒤에 동트는 새벽의 강한 힘.
비록 아파트 벽 사이지만 도심에서 일출을 보는 재미.

손발이 바빠도 나는 좋다.
할 일이 있고 할 수 있는 일이 많으니까.

우리 아이들이 짝을 빨리 찾았으면 좋겠다.
손자 손녀를 키워 봤으면.

마음이 허전한 날엔

드높은 하늘이 보이고 구름도 보인다.
넓은 바다에 떠 있는 배들
강물도 유유히 흐르고 강 위엔 수많은 다리들
오늘같이 마음이 허전한 날엔
소리 없이 조용히 눈을 감는다.

오뉴월 뻐꾸기는 밤도 없나
답답한 마음에 창문을 열면
앞산에서 뻐꾹 뻐꾹 울고 있다

'나야 할 일이 많으니
안 자고 있지만
너는 왜 이 밤에 울고 있니?'

지난번 시골집에선 개구리하고
한참을 경쟁하더니
너도 무슨 사연이 있니
못 알아들으니 답답한가 보구나.
아니면 너도 달을 좋아하니?

작은 행복

세상에 변함없는 단 한 가지.
아침엔 해가 뜨고 저녁엔 달이 뜬다는 것.

비록 구름에 가려서 보지 못한다 하여도
반드시 그 뒤에 있다는 것.

살아 있는 한, 항상 기대고 믿을 수 있는 해와 달 그리고 별빛.
아무리 믿을 수 없는 상황에서도 잠을 자고 나면
분명 밝은 새벽은 온다.
우리에게는 언제나 희망이 있다.

나는 이제껏 소원을 빌라고 하면
'사랑과 건강과 행운'
이 세 가지를 꼭 빌었다.

달은 왜 그리 크게 느껴질까.
달에 대한 끝없는 전설은 나를 행복하게 한다.
나는 미래를 꿈꾸며 달에다 희망의 씨를 심었다.

어린 아들은 꼬마였을 때, 엄마가 너무 좋다고 나를 꼬옥 안아주며

조그만 입으로 이 다음에 자기는 엄마를 우주선에 태워 달나라 여행을 시켜 드리겠다더니,

지금은 커서 "엄마, 나도 좋은 색시 만나면 좋겠다."고 날마다 말한다.

'암, 그래야지 이 녀석.'

시인의 마을

초판인쇄 | 2011년 11월 25일
초판발행 | 2011년 11월 30일

지은이 | 시인의 마을 동인
펴낸이 | 윤영희

펴낸곳 | 도서출판 동행
출판등록 | 제2-4991호
서울시 중구 을지로3가 302-18

값 10,000원

* 저자와 합의하여 인지를 생략합니다.
* 잘못된 책은 바꾸어 드립니다.